PRINCIPES DE PHYSIQUE OCCULTE

LA MATIÈRE

DES

ŒUVRES MAGIQUES

MARIUS DÉCRESPE

PRINCIPES DE PHYSIQUE OCCULTE

LA MATIÈRE DES ŒUVRES MAGIQUES

Préface de PAPUS

Prix : 1 franc

PARIS
CHAMUEL, ÉDITEUR
29, rue de Trévise, 29
1894

PREFACE

L'occultisme permet d'aborder l'étude des forces de la Nature, soit dans leur cause, par la connaissance des principes émanés du monde archétype (Voy. le Sepher de Moïse, traduction Fabre d'Olivet); soit dans leurs effets ou manifestations extérieures, par la connaissance des rapports analogiques qui relient le monde visible (physique) au monde invisible immédiatement supérieur (l'astral).

C'est ainsi que, dans un arbre, le botaniste instruit pourra remonter à première vue au caractère morphologique de la graine (cause seconde); de même que l'on pourra, d'autre part, déduire la nature et la vigueur de la sève (image du plan astral) de l'aspect extérieur de l'écorce.

Dans son étude sur « la Matière des Œuvres magiques » M. Marius Decrespe, un jeune savant nouvellement venu à ces études d'ésotérisme, emploie la seconde de ces méthodes. — C'est à la recherche du *plan astral*, tel qu'il peut être déduit de ses manifestations dans le plan physique qu'est consacré cet intéressant travail. M. Decrespe applique les règles positives de l'expérimentation, telle qu'elle peut être conçue par un physicien sérieusement instruit, aux forces en action dans l'astral. Nous signalerons dès le début la clarté avec laquelle la distinction entre les caractères de la matière et du mouvement sont nettement établis, pour arriver à notion *d'énergie*, sur laquelle l'auteur va particulièrement insister.

C'est en possession de ces premières et solides déductions que M. Decrespe aborde l'étude du *fluide*, dont la définition a donné lieu à tant d'erreurs. Après avoir déterminé la définition du fluide par les maîtres de l'occultisme, l'auteur montre comment la science contemporaine conduit à une conception presque identique, en étudiant les états de la matière dans sa raréfaction progressive, et l'action de *l'énergie* sur cette matière ainsi différenciée. Il aboutit enfin à cette constatation : « Entre ces déductions rigoureuses, basées sur des faits bien connus, et les leçons d'Eliphas Lévi, l'identification est complète. »

Ainsi voilà un nouvel essai de conciliation de l'occultisme avec la science la plus précise, qui vient aboutir à une éclatante identité entre les deux doctrines qui semblent si opposées *en apparence*.

Tant que M. Decrespe reste dans ce domaine de la physique, où il est plus particulièrement compétent, nous ne pouvons que le féliciter hautement de la netteté et de la hauteur de vues auxquelles il atteint dans son travail.

Mais l'auteur nous permettra de faire

certaines réserves, en ce qui touche ses déductions physiologiques. Trois plans sous trois aspects, synthétisés par l'Unité radicale, se croisent dans la nature pour produire les divers phénomènes que nous étudions.

Or, c'est à l'étude d'un seul de ces plans (le physique), sous ses trois aspects, il est vrai, que M. Decrespe a consacré son étude. Il ne faut donc pas se presser de réclamer l'introduction des principes de la physique et des mathématiques dans la physiologie, sous peine de méconnaître l'action de deux autres plans de forces, dont on détermine facilement l'existence, quand on applique à l'étude de la vie, les déductions tirées de la conception du monde archétype. C'est la *vitalité*, et non la vie, que M. Decrespe déduit de sa remarquable étude; et, ces réserves faites, nous nous empressons de reconnaître que ce travail sur « la Matière des Œuvres magiques » indique un esprit sérieux et large, possédant fort bien les principes de la science contemporaine, et auquel l'étude de l'ésotérisme révèle des mondes aussi intéressants, sinon plus, à étudier que le monde physique. — Un tel effort fait le plus grand honneur à notre cause, venant d'un tel auteur.

PAPUS.

LA MATIÈRE
DES ŒUVRES MAGIQUES

Tous ceux qui se sont un peu occupés de sciences occultes savent que les phénomènes étudiés par ces sciences se produisent par ou dans un agent qui, sous le nom de *Corps astral*, fait partie de l'homme et, sous celui de *Lumière astrale*, est répandu dans tout l'univers.

Qu'est-ce que le corps astral ?

Cette question est une de celles que posent le plus fréquemment les débutants en occultisme et qui les embarrassent le plus. Dans une de ses charmantes causeries, Papus disait que c'est presque toujours le premier renseignement que lui demandent les gens du monde curieux de jeter un coup d'œil sur la science maudite.

Cela n'est pas étonnant; cette dénomination même de *corps astral* possède une allure bizarrement mystérieuse qui met en défiance et attire à la fois les esprits superficiels, les intelligences positives et les âmes pieuses de notre fin de siècle ; puis l'Eglise et l'Académie semblent d'accord — pour une fois, savez-vous ! — pour repousser dans le domaine de la fantasmagorie la plus échevelée la constitution ternaire de l'homme.

Et pourtant, occultistes, savants universitaires et même théologiens ne sont pas loin de s'entendre ; ils ne se chicanent que sur une question de mots ; mais, comme dit excellemment G. Vitoux dans sa brochure sur l'*Occultisme scientifique*, quelle terrible barrière que celle qui est faite de mots seulement !

Les lignes suivantes ont pour but de chercher à préciser le sens de ce terme : corps astral.

*
* *

Si l'on s'en rapporte aux occultistes de toute espèce — et, sous ce nom, nous englobons ici les magnétiseurs, les spirites, les théosophes et les occultistes proprement dits — le corps astral ou périsprit, ou tel autre nom qu'on donne au principe intermédiaire de l'homme, est du *fluide* spécialisé, de même que le corps physique est de la matière spécialisée, de même aussi que l'esprit est de l'énergie intelligente spécialisée ; en d'autres termes, l'homme est composé de trois parties dont chacune est extraite d'un des trois grands éléments de l'univers. Cette définition résume d'une façon très générale les enseignements des différentes écoles d'occultisme dont quelques unes, entre autres le Groupe indépendant d'Etudes ésotériques, ont, d'ailleurs, poussé leurs études analytiques beaucoup plus loin.

On croit savoir généralement ce que sont l'énergie, le fluide et la matière ; il semble que cette croyance soit erronée.

Si l'on cherche à pénétrer d'abord la nature du fluide, on voit que le langage exotérique applique ce nom à tout ce qui n'est pas solide, c'est-à-dire aux liquides, aux gaz et aux corps à l'état radiant ; une définition si élastique ne peut satisfaire les moins exigeants. Les groupes précités s'en forment une autre idée; le fluide, disent-ils, et, parmi eux, surtout les spirites et les magnétiseurs, est une chose intermédiaire entre l'énergie immatérielle et la matière, qui n'est ni l'une ni l'autre, mais qui cependant tient des deux.

Comme il faut qu'une porte soit ouverte ou fermée, on peut penser *a priori* que cette définition assez vague peut être inexacte. Le raisonnement positif et l'expérience permettront de voir ce qu'il en est.

Cette conception du fluide par les occultistes prend évidemment sa source dans l'idée d'unité de la nature : La matière et l'énergie sont deux aspects, deux polarités d'une seule et même chose ; le fluide en est le moyen terme et la forme transitoire.

Quoi qu'il en soit de cette question, elle n'a pas à préoccuper le physicien ni aucun de ceux qui fondent une hypothèse quelconque sur cette partie de la physique ou, plutôt, de la métaphysique, qui traite de la nature intrinsèque des choses visibles. Il importe de considérer le phénomène à étudier dans le milieu et dans les conditions où il se produit, dans la réalité essentiellement relative où il nous est donné de l'observer par l'action et la réaction mutuelles des divers principes naturels,et non dans l'unité absolue et abstraite où il n'existe pas pour nous.

Nous ne pouvons constater que des phénomènes, lesquels sont tous du mouvement et se réduisent, en dernière analyse, à une simple question d'équilibre.

Dans tout mouvement, on distingue une chose mue, que les sens perçoivent et qu'on appelle matière, et une force motrice qui ne se révèle que par les mouvements qu'elle provoque et qu'on nomme énergie.

Telle est la distinction théorique qu'il importe de faire en premier lieu. En pratique expérimentale, on ne peut, sous peine de tomber dans l'absurde, songer à distinguer la matière de l'énergie ; ces deux choses sont deux abstractions pures, l'une et l'autre ; la matière se meut toujours sous l'influence d'une des modalités quelconques de l'énergie ; l'énergie ne peut se manifester que par le mouvement de la matière sous l'un quelconque de ses quatre états.

Quelques exemples préciseront le sens de cette règle.

Voici un homme assis ; il pèse 70 kilogs et jauge 68 décimètres cubes. Il se lève et marche ; il a toujours le même poids et le même volume. Il s'immobilise de nouveau, et la quantité de matière qui compose son corps reste invariable. Entre l'homme en mouvement et l'homme au repos, il y a précisément la différence du *mouvement, cet effet d'une cause* qui ne peut pas être la matière, puisque la matière ne change pas pendant la durée du phénomène.

L'expérience peut être faite d'une façon plus exacte. Voici un petit moteur électrique, le plus simple qui soit ; je l'accroche à un peson à ressort, très sensible, et je le pèse dans le vide. Puis je lance le courant ; la roue tourne, l'aiguille du dynamomètre ne bouge pas. Le circuit est rompu ; le mouvement disparaît, le dynamomètre accuse toujours le même poids. La matière dont se compose le moteur n'est intervenue en rien dans le mouvement qui l'entraînait, si ce n'est pour le manifester.

Voici encore une balle de plomb que j'analyse, qui mesure x millimètres de diamètre qui pèse w grammes. Je la place dans le canon d'un fusil et je provoque l'explosion de la poudre; la balle s'envole et tombe à mille mètres de là. Pesée de nouveau, elle n'accuse aucune perte après un aussi long trajet; la force qui l'entraînait ne faisait donc pas partie intégrante de la matière qui la constitue. Si je l'arrête dans sa course, elle fondra peut-être ou, tout au moins, s'échauffera beaucoup; mais le plomb, même liquéfié, même volatilisé, restera toujours en même quantité.

On dira : La force qui entraîne cette balle vient de la poudre ; celle qui fait tourner le moteur vient de la pile; celle qui fait mouvoir l'homme vient des aliments.

Peut-être. Il faut recourir à l'expérimentation.

La poudre, en brûlant, doit se combiner avec telle quantité d'oxygène. Je place ma poudre, bien pesée, dans un ballon contenant exactement la quantité voulue d'oxygène sous une pression telle que les gaz qui vont se former ne puissent pas provoquer la rupture de l'appareil. Je fais maintenant jaillir une étincelle, l'explosion se produit, le ballon s'échauffe puis, lentement, rayonne sa chaleur dans l'atmosphère... mais pendant toute la durée de l'expérience, il conserve le même poids.

La pile ? Examinez-la sur le plateau d'une balance ; que le circuit soit ouvert ou fermé, que le zinc et les acides s'usent ou non, le poids ne varie pas, la quantité de matière est toujours la même.

Et pour l'homme, on pourrait constater la même chose, quoique plus difficilement, à cause de la complexité de son organisme.

Ce n'est donc pas la matière qui est cause du mouvement, puisque la matière ne diminue ni n'augmente dans un phénomène donné et qu'on sait que la cause doit être plus grande que l'effet, c'est à dire que la cause, transformée en effet, éprouve une perte.

Eh bien, ce qui sert à manifester le mouvement et le subit, ce qui est mû, se voit, se touche, et dont la quantité ne change pas dans la totalité du phénomène considéré, voilà ce qu'est la *matière*.

La chose invisible, intangible et qu'on ne peut comprendre que par les effets qu'elle produit, qui ne se révèle que par les mouvements qu'elle imprime à la matière, qui, dans un phénomène donné, est moindre comme effet que comme cause, et dont la perte apparente est la cause des phénomènes accessoires, voilà ce qui s'appelle *énergie*

En un mot : l'Énergie est la cause hypothétique mais nécessaire du mouvement de la matière. La Matière est le moyen par lequel se manifeste l'énergie motrice; c'est la chose mue par l'énergie.

Ce sont là, on le voit, deux choses aussi distinctes que possible, les deux antipodes de la nature, l'actif et le passif et les deux seules façons d'être de tout ce qui existe; il faut, de toute nécessité, appartenir à la matière ou à l'énergie et être tout l'un ou tout l'autre, par essence.

Nous le répétons : dans la réalité des choses concrètes, on ne peut séparer ces deux principes, parce qu'un corps ne peut physiquement subsister ni un phénomène se produire sans l'union des deux; mais la théorie abstraite ne peut pas ne pas tenir compte de l'incompatibilité de nature de l'énergie et de la matière.

*
* *

Ce premier point bien posé, que doit-on entendre par fluide ?

C'est là qu'on peut constater l'accord surprenant, en vérité, qui existe entre les doctrines des vieux temples et les affirmations de la science moderne. Mais il faut regretter que beaucoup d'entre ceux qui s'occupent aujourd'hui des phénomènes psychiques occultes se trouvent en opposition avec l'une et l'autre école ; et, nommément, Louis Lucas qui a tant désiré voir se réaliser cet accord, sans les splendides travaux duquel cette petite étude n'eût, sans doute, pu être menée à bien, Louis Lucas lui-même est tombé dans cette erreur de confondre la matière et l'énergie.

Il semble, cependant, que les enseignements de la tradition sont bien simples, bien compréhensibles.

Le moins savant sait aujourd'hui que les quatre éléments des anciens n'étaient autres que nos quatre états de la matière, comme on en trouve la preuve même dans le dictionnaire de *môssieu* Larousse. Les terres étaient les corps solides ; l'eau c'était le liquide ; et l'air est ce qu'on a appelé depuis le gaz. Ainsi, on disait : *air déphlogistiqué, vital ou empyréal* pour désigner l'oxygène ; *air fixe, solide ou méphitique* pour l'acide carbonique ; *air inflammable* pour l'hydrogène ; *air phlogistiqué* pour l'azote ; *eau verte, eau de vie, eau régale, eau forte, eau céleste ; — terre* pour oxyde ; ... etc., réunissant ainsi sous ces mêmes étiquettes : air, eau, terre, des corps qui n'avaient d'autre propriété commune que d'être gazeux, liquides ou solides.

Quant au feu...., c'était le fluide, diront magnétiseurs et spirites; le fluide dont M. Crookes a démontré l'existence, — qu'il appelle matière radiante et que nous appelons magnétisme universel.

Telle est la phrase presque textuellement reproduite par laquelle ceux, très nombreux, qui la prononcent à tous propos et hors de propos, prouvent qu'ils connaissent peu ce dont ils parlent en confondant une image symbolique, l'une des formes de la matière et l'une des modalités de l'énergie, et en accusant l'un des plus grands savants du siècle d'une monstrueuse hérésie dont il ne s'est jamais rendu coupable.

Le feu, en effet, n'était pas pour les anciens, un élément simple, comme les trois autres. Dans les systèmes kabbalistiques, il correspond au second HÊ du tétragramme en évolution (1), c'est à dire partant du point le plus bas, de l'inférieur hylique pour gagner le divin supérieur ; ou, en termes plus vulgaires, le feu est un élément de transition entre deux plans, deux mondes, deux ordres de création. C'est un élément complexe dans lequel on a distingué principalement la flamme, la chaleur et la lumière.

(1) Ce HÊ est identique au IOD du tétragramme involutif habituellement considéré.

Et à ce propos, on ne peut mieux faire que de reprendre une partie du résumé que Papus a fait de la doctrine d'Eliphas Lévi et qui contient la quintessence des dogmes de tous les maîtres de l'occulte (1).

« Tous ces prodiges s'opèrent au moyen d'un seul agent que les Hébreux appelaient *od*, comme le chevalier de Reichembach ; que nous appelons *lumière astrale*, avec l'école de Martinez Pascalis ; que M. de Mirville appelle le *diable*; que les anciens alchimistes nommaient *azoth*. C'est l'élément vital qui se manifeste par les phénomènes de chaleur, de lumière, d'électricité et de magnétisme, qui aimante tous les globes terrestres et tous les êtres vivants. Dans cet agent même se manifestent les preuves de la doctrine kabbalistique sur l'équilibre et sur le mouvement par la double polarité dont l'une attire, tandis que l'autre repousse ; dont l'une produit le chaud, l'autre le froid ; dont l'une enfin donne une lumière bleue et verdâtre, l'autre une lumière jaune et rougeâtre. . . . .

« Nous préférons le mot *lumière* à celui de *magnétisme* parce qu'il est plus traditionnel dans l'occultisme et qu'il exprime d'une manière plus complète et plus parfaite la nature de l'agent secret. C'est là véritablement l'or fluide et potable des maîtres en alchimi : le mot *or* vient de l'hébreu *aour*, qui signifie lumière...

Puis, Éliphas établit l'identité de cet or, azoth ou lumière astrale avec le feu des anciens, qui est l'éther des modernes. Et, en un autre passage, il dit :

---

(1) Voir *Le Livre des splendeurs*, par Eliphas Lévi. Chamuel, éditeur, 1894.

« La substance du médiateur plastique est lumière en partie volatile et en partie fixée.

Partie volatile = fluide magnétique.

Partie fixée = corps fluidique ou aromal.

« Le médiateur plastique est formé de lumière astrale ou terrestre et il en transmet au corps humain la double aimantation . . . .

« Cette lumière peut se dilater indéfiniment et communiquer son image à des distances considérables ; elle aimante les corps soumis à l'action de l'homme et peut, en se reserrant, les attirer vers lui. Elle peut prendre toutes les formes évoquées par la pensée et, dans les coagulations passagères de sa partie rayonnante, apparaître aux yeux et offrir même une sorte de résistance au contact. »

Ce texte est bien net. La lumière astrale est composée de deux principes, l'un actif, volatil, c'est-à-dire immatériel; l'autre fixe, ou matériel, et passif.

Si, maintenant, l'on se reporte aux enseignements des anciens et qu'on compare leur feu-élément, qui n'est autre que la lumière astrale, au feu analysé par les chimistes du XIXe siècle, on sera surpris de la profondeur de l'intuition de ces vieux maîtres. Le feu était, avons-nous dit, divisé en flamme, chaleur et lumière. La flamme, d'après les modernes, est un gaz ou un mélange gazeux en combustion contenant des particules solides portées à l'incandescence ; et, d'autre part, la lumière, ainsi que la chaleur, résultent des mouvements vibratoires des particules des corps qui manifestent ces phénomènes de lumière et de chaleur; enfin l'incandescence est un phénomène résultant d'un état vibratoire particulier du corps qui en est le siège et qui manifeste à la fois chaleur et lumière.

Nous voici ramenés aux expériences de Crookes.

Jusqu'aux travaux du célèbre chimiste anglais, on ne savait pas, en effet, au juste à quoi s'en tenir sur l'incandescence des gaz raréfiés dans les tubes de Geissler.

M. Crookes, en poussant la raréfaction beaucoup plus loin, en vint à prouver que cette incandescence est due aux chocs multipliés qui, sous l'action de l'électricité, ont lieu entre les molécules des gaz étudiés. Ces molécules doivent être considérées, dit-il en substance, comme aussi matérielles, à certains égards, que des grains de sable. Et, de ses belles expériences dont le détail ne trouve pas malheureusement place ici, on peut déduire que la matière, même raréfiée au-delà de l'état gazeux, est toujours matérielle; que l'énergie, même en puissance et en quantité considérables, est toujours immatérielle. Bien loin d'avoir donné gain de cause aux partisans de la théorie des fluides, M. Crookes ruine cette théorie de fond en comble.

Toutefois, parmi les *fluidistes*, il faut distinguer ceux de l'école de Franklin et de Symmer, qui succédèrent aux fervents du phlogistique dans la tradition — bien dénaturée, il est vrai — des systèmes du moyen-âge. On sait qu'avant Lavoisier, on supposait qu'un corps, un fluide particulier, le *phlogistique*, était l'élément du feu ; les corps qui contenaient ce phlogistique étaient combustibles et ils le perdaient en brûlant. De même, on avait imaginé — et Newton était de ceux-là — un fluide particulier pour expliquer les phénomènes lumineux. De même encore Franklin et Symmer croyaient à l'existence d'un ou de deux fluides électriques, d'un fluide magnétique.

Et, d'après les fluidistes, surtout ceux qui s'occupaient plus spécialement de la lumière, les corps lumineux, électriques, calorifiques, magnétiques émettaient les fluides correspondants dont les molécules venaient frapper nos organes et nous faire éprouver les sensations dont ils étaient susceptibles. Cette hypothèse de l'émission fut, depuis, abandonnée pour la théorie plus exacte des ondulations, que l'on doit surtout à Fresnel. Cependant, Crookes a démontré que tout n'était pas erronné dans la théorie de l'émission.

En effet, si la matière est toujours la matière, elle se présente à nous sous quatre états principaux qui sont, comme on sait : les états radiant, gazeux, liquide et solide. Dans l'état radiant, les particules constitutives des corps sont entraînées, par la force quelconque qui agit sur elle, à peu près comme les feuilles d'automne par le vent ou comme les balles que crache une mitrailleuse — Crookes et Tesla emploient constamment le mot *bombardement* pour caractériser les phénomènes des chocs moléculaires —. Dans l'état gazeux, les molécules sont encore entraînées ; mais comme elles sont beaucoup plus nombreuses, elles ne peuvent parcourir qu'un chemin fort court sans rencontrer d'autres molécules contre lesquelles elles se cognent et rebondissent ; de sorte que, pour faire un kilomètre, ce qui est la distance moyenne qu'elle peut faire en une seconde, chacune d'elle a à subir plusieurs millions de chocs, et, au bout de la seconde, elle peut se trouver très peu éloignée de son point de départ.

Dans l'état liquide, le nombre des molécules est encore plus grand ; elles ne sont plus entraînées, mais elles roulent les unes sur les autres à peu près comme pourraient faire des billes disposées en tas. Dans l'état solide, elles ne peuvent plus quitter leur place où elles sont retenues comme par un lien élastique qui leur permet des vibrations telles qu'on les conçoit dans la théorie de Fresnel. Enfin, on peut imaginer un état plus dense encore où toutes les molécules seraient en contact si intime qu'aucun mouvement ne leur serait plus possible; cet état ne saurait, d'ailleurs, être réalisé dans sa perfection absolue, car ce serait l'immobilité complète, la mort réelle, c'est-à-dire la négation de l'énergie, du mouvement, de la vie, de l'être.

*
* *

Ces quatre états, si bien distingués en théorie ne sont pas séparés avec la même netteté dans la réalité. On peut même dire, et c'est là une constatation très intéressante, que, de même qu'un phénomène lumineux s'accompagne toujours de plus ou moins de chaleur, d'électricité et de magnétisme, et réciproquement, de même l'état solide, par exemple, ne subsiste pas sans que subsiste en même temps, dans le même corps, les trois autres états; c'est-à-dire qu'un corps solide quelconque, un morceau de sucre, une pierre, un diamant, un crayon, n'est solide pour nous que parce que le plus grand nombre de ses molécules sont suffisamment rapprochées pour que leur assemblage nous soit impénétrable. Mais cette impénétrabilité n'est que relative ; les corps dits *poreux*, qui sont impénétrables aux solides, ne le sont point aux liquides ni aux gaz ; et dans certaines conditions, on peut démontrer jusqu'à un certain point que tous les corps sont poreux ; c'est ainsi que la fonte devient très perméable aux gaz et aux liquides sous l'influence d'une augmentation de température ou d'une élévation de pression ; le platine, à l'état pulvérulent est perméable à certains gaz à la température et à la pression ordinaires.

Mais, comme on l'a vu, la matière est toujours semblable à elle-même dans les quatre états ; si donc un corps dit solide peut être pénétré par un autre corps liquide ou gazeux, on est en droit de supposer que quelques-unes de ses propres molécules peuvent se trouver à l'état liquide ou gazeux ou radiant. Et de fait, si l'on a pas constaté l'état liquide de certaines molécules des corps solides, on sait, tout au moins que certains corps émettent des vapeurs à toutes températures et sous toutes pressions. Tels sont : l'eau, le mercure, tous les corps odorants, le cuivre entre autres ; sans trop de hardiesse, on peut prédire que d'ici peu, on aura démontré que tous les corps se trouvent dans les mêmes conditions. Certains faits permettraient d'ores et déjà d'étendre cette règle qui n'est encore officiellement reconnue que pour quelques corps ; par exemple, la fusion, à la chaleur d'un simple bec Bunsen, d'un mélange intime de deux corps séparément infusibles aux plus hautes températures, tels que la silice et la chaux. Dans ce phénomène, il se produit vraisemblablement, sous l'influence d'une chaleur même faible, un *accroissement* des atmosphères gazeuses des corps en présence ; ces atmosphères se pénètrent mutuellement, se combinent et le composé qui résulte de leur combinaison revient à l'état liquide.

Mais si, d'une façon générale, on peut dire que tout solide a quelques molécules à l'état liquide, gazeux et radiant, les liquides n'ont pas de molécules à l'état solide, ni les gaz n'en ont à l'état liquide, ni les corps radiants n'en ont à l'état gazeux. Il est facile de le comprendre, puisque ce qui distingue ces différents états, ce n'est, en somme, que le nombre plus ou moins considérable de leurs molécules dans l'unité de volume, et que, si les molécules d'un corps solide en son ensemble peuvent partiellement se raréfier assez pour être à l'état gazeux, les molécules d'un gaz ne peuvent pas, tant que le gaz est gaz, se condenser suffisamment pour passer à l'état solide.

*
* *

Tels sont les quatre états actuellement connus de la matière.

Il n'est peut-être pas trop présomptueux de dire que ce sont les seuls qui soient possibles, au moins dans notre monde, attendu que, si notre science moderne a encore beaucoup de progrès à accomplir, celle des maîtres de l'antiquité était arrivée à son plus haut degré de perfection et que, nulle part, on ne trouve trace de plus de quatre états de la matière. En maint passage, on rencontre plus de quatre éléments ; mais ces éléments sont alors soit des combinaisons des quatre états matériels, soit les divers aspects de l'énergie.

C'est ainsi que, pour ne choisir que le moins possible de citations, les Hindous qui reconnaissaient cinq éléments, donnaient l'attribut matériel de différentes couleurs à quatre d'entre eux ; mais l'élément supérieur, *Akasa*, était noir, c'est-à-dire incolore, ce qui correspond bien à la nature de l'énergie qui, par elle-même, est incapable de nous donner la sensation des couleurs, mais qui, mélangée aux autres éléments, c'est-à-dire agissant sur les corps matériels, les fait vibrer, suivant leur nature, de manière à nous impressionner de telle ou telle façon. C'est encore ainsi qu'Empédocle admettait six éléments : la terre, l'eau, l'air, le feu, l'amour et la haine ; ces deux derniers n'étant autre chose que l'unique énergie considérée sous ses aspects positif et négatif, d'action et de réaction, d'od et d'ob, comme enseignaient les Hébreux.

*
* *

Ceci nous amène à dire un mot de la façon dont il convient, ce semble, d'envisager l'action de l'énergie sur la matière. Toutes ces donnees générales sont importantes à retenir pour l'étude particulière du corps astral.

Lorsqu'une balle de caoutchouc est lancée contre un mur, elle obéit à une force d'action qui ne provient pas d'elle-même ; lorsqu'elle rebondit sur le mur et qu'elle revient vers son point de départ, elle se meut sous l'influence d'une force de réaction qui semble sortir d'elle-même — puisqu'elle ne peut venir du mur inerte — mais qui n'est, en réalité, que la transformation de la force étrangère initiale.

Cette image grossière suffira pour faire comprendre tous les phénomènes particuliers qui prennent naissance sous l'influence de l'énergie universelle.

Et à ce sujet le livre du Dr Baraduc, sur la *Force vitale* est des plus instructifs à consulter. Il y est, en effet, démontré expérimentalement que tous les phénomènes physiques *consomment du mouvement libre*; et que les phénomènes physiologiques *tantôt en consomment, tantôt en dégagent*. Ce point est de la plus haute importance ; il fait voir que, tandis que les phénomènes physiques ne peuvent être considérés que comme récupérant et utilisant plus ou moins de la force universelle, les phénomènes physiologiques du corps humain peuvent être une véritable source d'énergie ; source secondaire, il ne faut pas le perdre de vue, mais, néanmoins, source relativement puissante.

Et c'est là peut-être la seule différence essentielle qui existe entre notre organisme corporel, considéré en lui-même, et les diverses machines que nous pouvons réaliser.

*
* *

En outre de cette division de l'énergie en forces d'action et de réaction, qui est plutôt une division de métaphysicien, il faut distinguer les forces lumineuse, électrique, calorifique, magnétique. Donner la définition de la lumière, de l'électricité, de la chaleur, du magnétisme et de la gravitation est au-dessus de la science humaine, quant à présent. On sait à peu près exactement classer les différents phénomènes les plus caractéristiques, mais on ne connaît de l'essence des différentes forces auxquelles on doit les phénomènes que cette propriété générale de l'énergie universelle d'être, par nécessaire hypothèse, la cause d'un mouvement quelconque des molécules matérielles. On note bien, il est vrai, la fréquence et la longueur des ondes propres à chaque ordre de phénomènes ; mais les variations ainsi observées ne semblent être que les degrés plus ou moins élevés d'une même gamme, et — bien mieux — on peut facilement constater qu'une même force se modifie suivant les milieux matériels sur lesquels elle agit ou que deux forces distinctes dans leur origine peuvent produire un même phénomène. C'est ainsi que l'énergie émanée d'une pile est électricité dans les conducteurs en cuivre, chaleur dans le charbon de la lampe à arc, lumière dans l'air qui sépare les deux charbons ; puis, de nouveau, électricité dans l'autre rhéophore ; c'est ainsi qu'un solénoïde traversé par un courant électrique se conduit comme un aimant, ou qu'un jet de vapeur passant dans un petit tube enroulé autour d'un morceau de fer l'aimante comme pourrait faire le courant d'une pile passant dans la bobine d'un électro. Ces rapprochements pourraient être multipliés à l'infini.

Et c'est pourquoi, dans l'état actuel des choses, il n'est pas exagérément téméraire de faire un pas de plus et de dire : s'il existe incontestablement des phénomènes électriques, lumineux, calorifiques, magnétiques, il n'y a cependant ni électricité, ni lumière, ni chaleur, ni magnétisme ; il y a seulement l'Énergie unique qui s'adapte aux milieux matériels qu'elle traverse et agit sur eux en conséquence de leur état moléculaire.

La Matière, unique elle aussi dans son essence, ne se différencie d'elle-même que par les degrés de condensation et les arrangements variés des molécules qui composent les corps, des atômes qui composent les molécules et des monades qui constituent les atômes.

Prenant ces deux hypothèses générales pour base et sans perdre de vue les considérations sur lesquelles elles reposent elles-mêmes, on peut maintenant poser à nouveau la question qui fait l'objet de cette étude et chercher à se faire une idée de ce qu'on doit entendre par la matière des œuvres magiques et, plus spécialement, par corps astral.

L'homme, on le sait, est composé d'au moins deux parties : une partie matérielle, le corps, et une partie immatérielle qui comprend les forces physiques qui se dégagent de l'organisme ou qui s'y absorbent, plus l'*ego* supérieur, l'esprit, l'âme ou tel autre nom qu'on veuille donner à notre principe directeur avec ses dépendances. Pour nous placer sur un terrain neutre où toutes les philosophies puissent s'entendre, nous ne nous occuperons ici que des forces physiques de notre organisme.

L'histoire sainte nous apprend que Dieu forma le corps humain avec de la boue c'est-à-dire un mélange de terre et d'eau. La science moderne lui donne raison en ce point et constate que notre corps contient environ un tiers de matières solides — de terre — et deux tiers de liquides divers ou, pour parler comme les alchimistes, d'eau. Tel est le corps que nous voyons, que nous touchons.

Mais tout autour de ce corps que tout le monde connaît et le pénétrant même par tous les pores, il en est un second moins visible, moins tangible; c'est le corps astral de Paracelse, le périsprit d'Allan Kardec, l'énormon d'Hippocrate, l'aérosome du

Dr Fugairon. Il faut surtout retenir ce dernier nom qui correspond le mieux au besoin de précision du génie de nos langues occidentales. Aérosome, corps gazeux ; c'est, d'un mot, la définition exacte et presque complète du corps astral.

En effet, on se rappelle, que tous les corps subsistent plus ou moins dans les quatre états à la fois ; que l'eau, notamment, émet des vapeurs à toutes températures ; on sait, d'autre part, que nous respirons non seulement par les poumons mais aussi par la peau. Eh bien, cette atmosphère qui nous entoure et qui est due aux émanations de notre propre substance, ces produits de la respiration cutanée, voilà les éléments constitutifs du corps astral. Mais ces émanations, ces produits de la respiration ne sont pas exclusivement gazeux ; ils sont constitués, pour une bonne part, de molécules à l'état radiant, c'est-à-dire en nombre assez restreint pour pouvoir être entraînées par les forces qui sortent de notre organisme ou qui y arrivent.

Et il est à remarquer, à ce propos, que les molécules des corps plus denses ne paraissent opposer qu'un obstacle très restreint à la progression des molécules à l'état radiant. La lumière qui traverse une colonne d'eau en mouvement se transmet presque aussi bien dans le sens contraire à celui du courant que dans le même sens que ce courant. Les effluves puissants qui s'échappent de la bobine de Tesla reproduisent à l'air libre beaucoup des phénomènes que Crookes n'avait pu obtenir que dans les espaces très raréfiés. Ce sont là des confirmations expérimentales de ce fait que l'éther pénètre tous les corps. Et qu'est-ce, en définitive, que l'éther, sinon l'infinité des monades, atômes ou molécules non encore condensées jusqu'à l'état gazeux ?

Entre ces déductions rigoureuses, basées sur des faits bien connus et les leçons d'Eliphas Lévi, l'identification est complète.

La substance du médiateur plastique, dit le maître, est lumière en partie volatile et en partie fixée ; partie fixée = corps fluidique ou aromal.

L'aérosome, le corps fluidique, pouvons-nous affirmer, est composé de molécules à l'état gazeux et surtout à l'état radiant, comme les molécules, atômes et monades dont l'agglomération sans bornes constitue l'éther.

Une différence capitale est pourtant à noter entre la nature de l'éther universel et celle des corps fluidiques particuliers ; c'est que, tandis que l'éther contient des monades sans propriétés caractérisées, des atômes et des molécules de tous les corps et qu'il ne peut ainsi présenter d'autres propriétés que celles de la matière unique à un état de division et de dilution extrêmes, le corps astral, au contraire, possède, quoique affaiblies, toutes les propriétés — au moins toutes les propriétés chimiques — du corps dont il émane. Ceci encore, M. Crookes l'a prouvé ; sous la pression extrêmement faible d'un vingt-millionième d'atmosphère, l'hydrogène à l'état radiant était encore de l'hydrogène.

Aussi n'est-il pas surprenant que l'aérosome de M. X. ne ressemble pas plus à celui de M. Z. que leurs corps tangibles respectifs. Le corps astral retracera donc fidèlement tous les accidents physiologiques et pathologiques de l'organisme auquel il appartient. De même, le corps astral du musc différera de celui de la rose ; l'aérosome du cuivre ne sera pas le même que celui du mercure.

Car ce serait une erreur de croire que l'homme seul ou, plus généralement les seuls organismes vivants possèdent un corps astral. Il faut le répéter, tout solide ou liquide n'est pas complètement solide ou liquide ; certaines de ses molécules sont toujours à l'état gazeux ou radiant ; tout corps émet plus ou moins de vapeur à toutes températures ; tout corps est entouré d'une atmosphère de sa propre substance. Il importe de se bien pénétrer de cette vérité qui permet de comprendre pourquoi il est dangereux de faire des expériences de spiritisme dans le voisinage des cadavres et aussi pourquoi les Egyptiens embaumaient certains de leurs morts.

Tant que subsiste le corps tangible, ou *sarcosome*, comme dit encore excellement le Dr. Fugairon, le corps astral existe aussi, émanant du cadavre en décomposition comme de toute autre matière inerte ; mais tandis que les émanations d'une pierre, par exemple, ou d'un morceau de métal sont inoffensives parce que normales, l'aréosome d'un cadavre est le plus souvent nocif, parce que l'état normal des êtres vivants est la santé, et que rien n'est plus opposé à la santé que la mort ou la décomposition qui en est l'essence. Ainsi le corps astral d'un vivant qui se trouve en contact avec le corps astral d'un mort en est généralement péniblement affecté et, tout naturellement, le corps tangible du vivant en éprouve le contre-coup, surtout si ce vivant se livre alors à des pratiques qui favorisent l'extériorisation de son corps astral et laissent son corps tangible sans défense contre l'intrusion possible du corps astral du défunt.

Dans l'un de ses livres, le Dr. Gibier cite

des exemples qui montrent bien l'action nocive des astralités cadavériques.

Ce danger, pourtant, n'existe pas toujours ; mais ici il nous faut, pour un instant, admettre l'existence de l'âme, de l'*ego* supérieur. Quand le cadavre a appartenu à un homme intelligent et bon, surtout, qui a passé sa vie à faire le bien, qui n'a eu le plus habituellement que de bonnes pensées, l'esprit, qui est immortel, reste, après la mort, en possession des vertus acquises, des habitudes contractées ; et comme il continue à agir par sa volition sur son corps astral, il contrebalance, par sa haute moralité, les mauvais effets des émanations de sa dépouille mortelle. De là cette coutume ancienne d'embaumer le corps de ceux dont la vie avait été sans tache, de brûler, au contraire, et de réduire le plus vite possible à l'état de matière inerte les cadavres des moins vertueux ; grâce à ces précautions, le peuple des Pharaons s'entourait des meilleures influences astrales qu'il évoquait dans le besoin et qui pouvaient lui être du plus grand secours par l'appoint de forces qu'elles apportaient aux efforts des vivants. C'est ce que Papus a fait très nettement ressortir dans sa brochure sur l'*État de trouble*.

*
* *

Mais, sans nous étendre plus longuement sur cette action de l'âme, de la volonté sur le corps astral, il nous faut maintenant étudier sommairement celle qu'y exercent les forces de l'organisme. Si cette étude pouvait être menée à bien, elle donnerait la clef de la physiologie et de la psychologie ; il n'est pas besoin de le dire, nous n'avons pas la prétention de réussir à résoudre ce problème auquel tous les plus grands maîtres en l'espèce ont jusqu'ici travaillé, non point vainement, mais sans autre résultat que de faire faire, parfois, quelque pas timide à la science, que de l'égarer, le plus souvent.

Les raisons de ces échecs relatifs semblent se trouver non seulement dans la difficulté du sujet, mais aussi dans la méthode utilisée pour l'analyser. On doit se le rappeler, la médecine n'est pas, jusqu'ici, une science. Aucune théorie ni même aucune hypothèse d'ensemble (1) ne relie entre elles les différentes observations dont la collection, plus ou moins judicieusement classifiée et apprise par cœur, forme presque exclusivement le bagage scientifique de la majorité des

(1) A part les travaux de Malfatti de Montereggio, Adrien Péladan et Papus (Dr G. Encausse), que feint d'ignorer la science officielle.

médecins. Les premiers progrès de la physiologie datent du jour où les chimistes ont péremptoirement démontré aux fils d'Hippocrate que les phénomènes de la digestion étaient absolument identiques à ceux qu'on observe dans la pratique journalière du laboratoire. Actuellement, la chimie physiologique n'a presque pas plus de secrets que celle des cornues et des creusets.

Mais la physique organique n'existe même pas de nom. Et pourtant tout tend à prouver que la machine humaine est rigoureusement comparable à n'importe quelle machine à vapeur, à n'importe quelle pile auto-régénérable ; la complexité des organes et la multiplicité des fonctions n'est nullement un obstacle à cette identification. Mais les médecins s'hypnotisent sur des mots (1) ; et un mot, si grec qu'il soit ne vaut pas une théorie solidement établie sur des faits positifs, précis, scrupuleusement analysés, logiquement comparés à d'autres faits également positifs et précis ; si la théorie sans les faits n'est que pure hypothèse, les faits sans théorie restent sans aucune signification, même hypothètique.

---

(1) Ex.: *Bubon d'emblée* ; Hypothèse qui sert à masquer l'ignorance de la cause (*sic* !!!) DICT. DE LITTRÉ ET ROBIN.

Et tant que les physiciens n'auront pas, à l'exemple des chimistes, introduit leurs méthodes rigoureuses, mathématiques, dans la médecine, tant qu'ils n'auront pas démontré l'inanité de cette conception des forces dites physiologiques, tant qu'ils n'auront pas *prouvé* qu'il n'existe au monde que des modalités de l'unique énergie, les prétendues sciences physiologiques n'accompliront d'autres progrès que d'enregistrer quelques nouveaux faits.

Au reste, il faut bien remarquer que, si ce *réquisitoire* est exact dans le fond, il est, en l'état actuel des choses, assez exagéré dans la forme. Depuis plusieurs années, en effet, plus d'un médecin et non des moins éminents, ont compris l'erreur des vieilles méthodes ; et la tendance de la nouvelle école est, très nettement, d'introduire les principes de la physique et des mathématiques dans l'étude des phénomènes physiologiques. Parmi ceux qui se sont le plus distingués en cette voie, on peut citer, au hasard des souvenirs, les professeurs Bouchard, Beaunis, Mathias Duval.

Et il nous plaît fort de constater que, quoiqu'on en puisse dire, c'est à la méthode analogique, enseignée de tout temps par les maîtres de l'occultisme, qu'est due cette réaction heureuse.

*
* *

Le temps n'est pas éloigné où cette nouvelle synthèse scientifique sera un fait accompli et, chose plus difficile, officiellement reconnu.

D'ores et déjà, les indépendants que n'entravent pas les principes sacro-saints de la sacro-sainte école peuvent s'affirmer que tous les phénomènes dont notre organisme est le théâtre sont dûs à la même cause que les phénomènes électriques, calorifiques, lumineux et magnétiques. Si les phénomènes physiologiques paraissent différents des phénomènes physiques, c'est tout simplement que le milieu de ces phénomènes est un milieu tout spécial.

Et l'on comprend, d'après ce qui précède que, parmi les phénomènes physiologiques, il faut compter aussi bien ceux qui se produisent dans le corps astral que ceux que manifeste le corps tangible. Même il peut se faire que, plus tard, on arrive à ne plus s'occuper que du milieu astral qui, comme on l'a vu, pénètre les milieux solides, liquides et gazeux, de même qu'en optique, on n'étudie plus aujourd'hui les phénomènes lumineux que dans l'éther qui pénètre tous les corps et non dans les corps traversés par la lumière.

Aussi, sans nous arrêter davantage à ce qu'on désigne aujourd'hui très vaguement par ce mot : physiologie, et qui ne s'occupe que du corps tangible, nous considérerons seulement ici l'action de l'énergie sur l'aérosome.

Notre cadre actuel ne nous permet pas de sortir des généralités. Nous rappelerons donc seulement que l'aérosome étant composé de molécules à l'état gazeux et radiant, ces molécules sont entraînées par les forces qui agissent sur elles. Toutes les fois qu'une force quelconque émane d'un homme, elle projette un nombre plus ou moins considérable des molécules astrales qui environnent cet homme, à une distance et avec une vitesse qui dépendent à la fois de la puissance de projection et de la grandeur des obstacles opposés à la progression des molécules.

Ces obstacles, étant donné que les molécules éthérées peuvent, d'une façon générale, pénétrer les corps les plus denses, sont surtout des *flux* de force émis en sens contraire ; les seules molécules gazeuses sont puissamment entravées dans leur vol par des obstacles d'une matérialité tangible.

En sens inverse, toute force dirigée vers un homme fait pénétrer en cet homme un certain nombre de molécules étrangères et aussi de molécules qui appartiennent en propre à son astral.

D'après cette règle, et en tenant compte

que l'aérosome reflète exactement l'état physiologique et moral de l'homme, on peut expliquer plus ou moins complètement tous les phénomènes occultes, ceux qui sont du resssort de la science des mages, tant dédaignée des savants officiels, comme ceux encore inconnus ou inexpliqués pour ces mêmes savants dans leur propre domaine ; à plus forte raison les phénomènes désoccultés.

Pour fixer les idées et à titre d'exemple, nous passerons rapidement en revue seulement les plus intéressants des phénomènes occultes.

*
* *

Dans un travail si peu important, nous n'avons pas songé à classer les phénomènes d'une façon régulière, bien logique. Nous les présenterons plus ou moins en ordre, nous efforçant, toutefois, d'une façon générale, de procéder du simple au composé, du connu à l'inconnu.

Un fait d'observation journalière peut donner une idée assez nette du mécanisme de beaucoup de phénomènes occultes ; c'est l'usage que font de leur odorat certains animaux, les chiens, par exemple. Tous les êtres organisés, il n'est pas besoin d'insister sur cette remarque, ne se comportent pas exactement de la même façon, bien qu'obéissant tous aux mêmes lois générales ; dans une même espèce, deux individus très semblables, deux frères peuvent *fonctionner* de façons toutes différentes, celui-ci étant organisé plutôt pour émettre des forces et projeter des molécules astrales ; cet autre attirant, au contraire, plus qu'il ne disperse, et un troisième enfin, du type équilibré, dépensant autant qu'il acquiert. Mais tous les organismes vivants, sans exception, attirent et repoussent tour à tour, ce qu'expriment avec tant de netteté de nombreux symboles, tels que l'androgyne hermétique — dont on a fait le Baphomet —, le caducée, le sceau de Salomon, le signe de la croix, etc., etc.

Pour attirer, d'une façon normale, l'organisme a besoin d'être en repos, et c'est ce que le sommeil naturel permet de constater. « Qui dort dîne, » dit avec raison la sagesse des nations. L'action, réciproquement, favorise le plus souvent la dispersion, la déperdition des forces et de la substance ; généralement, un homme qui se donne beaucoup de mouvement est plus maigre que s'il avait des habitudes sédentaires.

Quand, traqué par les chasseurs, un lièvre s'enfuit, il émet une quantité de forces (1) d'autant plus considérable que la

(1) A remarquer cette expression si répandue : *quantité de forces*, assemblage hurleur de mots

peur et l'énergie qu'il déploie dans sa course sont plus intenses. Ces forces entraînent naturellement un nombre assez grand des molécules astrales qui constituent son atmosphère propre.

Ces molécules se dispersent pour la plupart dans l'air ambiant ; mais partout où touche son corps tangible, elles se fixent au moins temporairement. Et quand vient le chien, son appareil olfactif si délicat est impressionné par la modification qu'apporte au régime des ondulations de l'énergie universelle ce mélange d'éléments étrangers au milieu normal de la terre, de l'herbe. Si nous ne possédons pas cette faculté à un degré aussi remarquable que le chien, c'est que la muqueuse qui tapisse nos narines ne constitue pas un milieu également apte à la propagation des *ondes odorantes*.

Toutefois, certaines personnes sont douées d'une organisation anormalement délicate à cet égard. Beaucoup de somnambules sont dans ce cas et, le plus souvent, on les voit renifler les objets d'après lesquels elles devinent plus ou moins les maladies ou l'état d'âme des personnes auxquelles ils

---

qui expriment des idées aussi opposées que celles de matière et d'énergie ; preuve entre mille autres de la pauvreté de nos langages.

ont appartenu. Même, ce qui peut paraître plus extraordinaire, elles n'ont pas toujours besoin de sentir pour percevoir ces ondes que, dans le cas où on les renifle, nous avons appelées odorantes ; par le simple toucher, elles se rendent aussi bien compte de la nature de l'objet exploré que pourrait le faire un chien par son flair ; il n'y a là, en somme, qu'une simple question d'adaptation de milieu.

La divination du passé d'après le contact avec un objet ayant été mêlé aux événements à révéler est un phénomène plus complexe ; on peut en proposer l'explication suivante. Les psychologues modernes admettent que l'imagination et le souvenir sont des phénomènes de *construction* d'images subjectives, construction effectuée au moyen de *matériaux* emmagasinés dans la mémoire, lesquels se superposent, d'après des lois encore presque insoupçonnées, sous l'impulsion déterminante des contingences actuelles.

Acceptant cette théorie telle quelle et sans en tenter l'analyse, nous remarquerons que l'objet, tel qu'il se trouve entre les mains de la somnambule, est le produit de tous les événements antérieurs auxquels il a été mêlé et dont il ne peut pas ne pas avoir conservé la trace plus ou moins profonde, soit dans sa constitution intime ou accidentelle, soit dans l'atmosphère astrale qui l'environne. Le contact de cet objet donne lieu dans le cerveau de la somnambule, dont le toucher est hyperesthésié, à une perception quelconque laquelle provoque un mouvement approprié des cellules constituant la masse cérébrale; ce mouvement provoque l'apparition d'images subjectives pour l'audition ou pour la vision, suivant les prédispositions du sujet et aussi la nature de l'expérience ; ces images correspondent plus ou moins à l'impression perçue et sont partiellement rejetées ; aux matériaux conservés s'en ajoutent d'autres également en rapport avec la dite perception au contact de l'objet touché ; et ainsi de suite, jusqu'à ce que l'image obtenue en fin de compte par la réunion de ces matériaux divers concorde exactement avec l'impression produite par l'objet examiné.

La sympathie ou l'antipathie qu'éprouvent les sensitifs en voyant pour la première fois une personne quelconque peuvent s'expliquer par le plus ou moins d'affinité qu'ont entre elles les atmosphères astrales des individus en présence ; et, de même que l'affinité chimique, cette affinité astrale est proportionnelle à la nature intrinsèque des molécules astrales et aussi aux conditions dans lesquelles se meuvent ces molécules sous l'influence des forces.

La transmission de pensée s'explique par la vibration à l'unisson des molécules de deux cerveaux éloignés ; la transmission des ondes s'effectue par les corps astraux des individus en communication, et par l'éther interposé.

Dans la télépathie et l'envoûtement, il doit y avoir, en outre, transport des molécules astrales du transmetteur apportant, par leur mélange à l'aérosome du récepteur, un trouble fonctionnel plus ou moins considérable dans cet aérosome.

Les phénomènes d'extériorisation sont dûs à la réunion en un point donné des molécules projetées hors des limites normales de l'aérosome du médium, du sujet. La portion extériorisée de cet aérosome peut parfois, sous l'influence d'une volition subconsciente, spontanée ou provoquée soit par les circonstances actuelles, soit par la volonté d'un magnétiseur conscient ou inconscient, revêtir les formes dont l'image subjective existe potentiellement et d'une façon plus ou moins intense dans le cerveau du sujet.

Pour expliquer ces apparitions, de même que les apparitions réellement objectives et dues à des causes extérieures au sujet, à l'opérateur et aux assistants, on peut imaginer que les molécules astrales s'orientent de façon à ne plus laisser passer les rayons lumineux, qu'elles réfléchissent alors comme pourrait faire un corps solide.

Mais, parfois, les apparitions sont plus ou moins tangibles. On peut, dans ce cas, risquer une interprétation basée d'une part sur les phénomènes des anneaux tourbillons de Helmholtz, d'autre part sur les expériences de Tesla qui arrive à produire, au moyen de sa bobine modifiée de celle de Ruhmkorff, des *fantômes* de flammes éclairantes, assez chaudes pour qu'on ne puisse pas les toucher et *solides* autant que pourrait l'être un morceau de bois.

Sans s'étendre longuement sur cette question, on peut essayer d'en donner une explication au moins approximative. On se rappelle qu'un des contes des frères Grimm parle d'un escrimeur si habile que, lorsqu'il pleuvait, le moulinet de son épée suffisait pour l'empêcher de recevoir une seule goutte d'eau ; sa lame mince d'acier se mouvait si rapidement qu'elle se présentait à la pluie comme une surface solide et absolument impénétrable. Les molécules à l'état radiant sont un peu dans le même cas que cette épée ; leur vitesse de translation, seule, suffit à rendre leur ensemble impénétrable et à donner l'illusion d'un corps solide (1). Quant aux contours de l'apparition, ils sont vraisemblablement délimités par des lignes de force contre lesquelles viennent rebondir les molécules, à peu près comme un cerceau lancé à la main et qui retourne sur ses pas après avoir parcouru un certain espace, à peu près comme le boomerang qui revient aux pieds du sauvage qui l'a lancé.

Les mouvements de tables, de meubles qui, avec les guérisons des magnétiseurs, ont provoqué la renaissance de l'occultisme, sont causés, à ce qu'on croit le plus généralement, par une inégale distribution des forces dans les objets ainsi mis en mouvement ; de même, avec des degrés différents, tous les phénomènes d'apport, de lévitation, etc.

Mais il se présente des cas où, dans une chambre bien fermée, pénètre, sans bris de cloison, un objet solide qui n'existait pas

(1) Il est très remarquable que le mouvement donne la sensation de la solidité, comme on en voit la preuve dans les jets d'eau; l'eau, à l'état normal, a tendance à s'étaler le plus largement possible ; l'eau, en mouvement dans un jet d'eau, s'élance avec une vitesse telle qu'elle se maintient rigide comme une tige de bois ou de fer et ne commence à retomber que lorsque le frottement de ses molécules contre l'air ambiant en a absorbé la force de projection. On pourrait en déduire l'hypothèse que les états de la matière diffèrent entre eux aussi bien par la rapidité du mouvement propre des atômes et molécules, que par leur densité.

auparavant dans cette chambre ; il faut admettre alors que ce corps solide a été, au moment de sa pénétration, liquéfié, vaporisé, *éthérisé*, que, dans cet état — puisque l'éther pénètre tous les corps, — il a traversé les cloisons, puis qu'il a repassé en sens inverse par les mêmes phases, pour reprendre son état primitif.

Quant aux communications obtenues dans les séances de spiritisme par l'écriture ou par les coups frappés, on peut dire que neuf cent quatre-vingt-dix-neuf fois sur mille, elles sont l'écho, le reflet des pensées subconscientes des médiums. Certes, les communications avec les entités extérieures à l'humanité sont possibles, mais elles n'ont lieu dans des conditions de netteté indiscutables que bien rarement. L'objection principale faite à cette théorie est que, malgré leur bon vouloir, les médiums n'obtiennent pas toujours ce qu'ils désirent ; il faut distinguer la volonté active, consciente de la personnalité ordinaire, extérieure, en quelque sorte, et l'action latente des volitions qui subsistent dans le tréfond de l'être sans qu'on s'en rende compte. En un seul coup d'œil nous apercevons des milliers de choses dont quelques-unes seulement parviennent à notre conscience, mais qui toutes, cependant, sont enregistrées à notre insu par notre mémoire pour réapparaître inopinément et sans cause appréciable dans tous les différents sommeils dont nous sommes susceptibles ; et l'état de médiumnité est un sommeil partiel, c'est-à-dire un repos, une inaction voulue ou non de certaines de nos facultés normales ou anormales, qui compense, dans une certaine mesure, la surexcitation de certaines autres facultés.

Ce système explique-t-il *tous* les phénomènes spirites ? Nous ne le pensons pas. Aussi bien voyons-nous que nombre d'autres ont été proposés, plus ou moins vraisemblables et avec plus ou moins de succès. Nous citerons les principaux.

Il y a d'abord la théorie d'Allan-Kardec, qui suppose que *tous* les phénomènes spirites sont dûs à l'intervention d'esprits humains désincarnés dirigeant en tel ou tel sens les forces à eux prêtées par un médium, c'est-à-dire par un individu doué d'aptitudes spéciales, assez mal définies généralement, et se trouvant en état de passivité absolue. Ce système est trop connu et a été trop souvent réfuté par les faits eux-mêmes pour que nous nous y arrêtions plus longtemps.

Il y a aussi l'hypothèse non moins fameuse et non moins fausse dans son exagération que *tous* les phénomènes spirites sont pure hallucination et rentrent dans le domaine de l'auto-suggestion.

Certains chercheurs, moins intransigeants, ont émis la supposition que non seulement le médium, mais tous les assistants pouvaient concourir — inconsciemment presque toujours — à la production des phénomènes.

D'autres prétendent ne voir en ces manifestations que l'action d'esprits inférieurs et mauvais, de démons.

D'autres enfin, et nous sommes du nombre, croient que les phénomènes en question peuvent être dûs, suivant les cas, soit à l'auto-suggestion ou à la suggestion collective, soit aux actions inconscientes du médium et des assistants, soit à l'influence d'entités extra-humaines qui peuvent être inférieures le plus souvent, égales quelquefois et rarement supérieures à l'homme. Mais, nous le répétons, dans la grande majorité des cas, ces entités, quelles qu'elles puissent être, ne doivent pas être invoquées comme causes de phénomènes dûs aux seuls médiums (1).

Il y a donc, en dehors du monde visible, des êtres incorporels, plus ou moins intelligents ?

(1) Voir le livre, beaucoup trop radical dans ses conclusions, mais très intéressant, intitulé : *La Fin du Monde des esprits*, par le Dr Philips Davis.

Oui, certainement; et la philosophie la plus rigoureusement positive en peut admettre l'existence. Mais, dans une étude qui invoque surtout l'autorité des sciences exactes, il est assez difficile de faire la preuve de cette assertion. Nous n'y fournirons que quelques arguments.

Laissant toujours de côté la question de l'ego supérieur et de son immortalité, nous définirons l'âme *un ensemble individualisé de forces diverses*, de même que le corps est un ensemble individualisé de molécules. Mais cette individualisation du corps est toute abstraite et, d'ailleurs, relative, car on sait que les molécules qui constituent notre corps ne font qu'y passer et que, dès qu'elles ont fourni à l'organisme la quantité de travail dont elles étaient susceptibles, elles sont résorbées et éliminées par les voies digestives ou respiratoires, ou par l'évaporation, l'*éthérisation* qui constituent les phénomènes de perspiration, de respiration cutanée; de sorte qu'on peut assez exactement comparer notre corps, dont l'apparence est due à cet incessant mouvement de molécules, aux images qui se forment au foyer d'une lentille et qui sont dues, elles aussi, au mouvement des molécules du milieu ambiant, mises en vibration par le rayon lumineux. En fait, notre corps n'existe pas comme tout bien défini, limité, concret ; il paraît, simplement ; ce n'est qu'une forme, une image, une illusion.

Mais notre âme qui n'a pas de forme, qui ne paraît pas, existe réellement ; et nous en voyons la preuve en ce fait que, quels que soient nos efforts pour pénétrer la pensée d'une autre, quel que soit le bon vouloir de cet autre à nous bien faire comprendre ce qu'il veut dire, nous sommes invinciblement enchaînés chacun à soi-même, irrévocablement séparés de tout le reste de l'univers.

Je dis bien que le sang est rouge, et le soleil aussi, comme la fleur des coquelicots, comme le manteau des rois et l'habit du bourreau ; et vous aussi le dites avec moi ; mais je ne sais pas si cette sensation même, que je ressens à la vue de ces différents objets qui ont une commune propriété, est identique à celle que vous éprouvez.

Voilà une propriété qui n'appartient pas à la matière ni même, à ce qu'il semble, aux modalités de l'énergie ; et c'est là, croyons-nous, un des plus puissants arguments à présenter en faveur de l'existence de l'âme.

Si l'individualité en est admise, il n'y a pas grande difficulté à comprendre qu'elle peut subsister en dehors du corps tangible, puisqu'elle peut toujours agir sur les molécules radiantes du milieu ambiant.

Tout au moins, on peut dire que l'impossibilité de la chose n'est nullement prouvée et certains phénomènes physiques nous inciteraient, au contraire, à admettre la possibilité de l'existence de centres de forces non confinés en un point matériel tangible ; tels seraient les éclairs en boule qui ne sont pas un assemblage gazeux, qui n'ont aucune matérialité, qui ne sont que des centres de force mobiles dans le milieu ambiant. A ces éclairs en boule ajoutez l'individualité telle qu'elle est définie dans le raisonnement établi plus haut, et vous aurez des âmes, des esprits désincarnés, comme disent les spirites.

Les entités immatérielles extra-corporelles se divisent, d'après les modernes occultistes, en trois grandes classes :

Les *élémentals* ou esprits des éléments dont l'intelligence s'élève à peu près au niveau de celle des animaux supérieurs, des chiens, des singes, des éléphants, etc.; les *élémentaires* qui sont des âmes d'hommes ayant encore beaucoup à apprendre dans l'humanité et devant, par conséquent, se réincarner; enfin les esprits supérieurs à l'humanité, et qui sont, par rapport à nous, des esprits divins, des anges. Chacune de ces trois classes peut se subdiviser en trois, suivant que les esprits qui les composent sont bons, légers ou mauvais ; de sorte qu'il peut y avoir de bons élémentals et de mauvais anges ; toutefois, le plus généralement la moralité marche de pair avec l'intellectualité, si bien que les élémentals sont le plus généralement malfaisants, mais peu à craindre en raison de leur infériorité par rapport à l'homme qui sait leur résister ; et les anges se distinguent aussi bien par leur bonté que par leur science et leur puissance.

Laissons ces questions un peu trop hypothétiques aux yeux des positivistes et reprenons l'étude de l'âme considérée comme centre de forces.

Il arrive parfois que cette âme se revêt d'un corps astral plus ou moins parfait ; un certain nombre des molécules de l'éther ambiant est attiré et se groupe, un peu comme fait la farine autour d'une goutelette d'eau. Cette enveloppe, ce *ballon* astral est des plus fragiles, on le conçoit sans peine, et il suffit qu'une pointe l'effleure pour qu'il se dissolve immédiatement (1) ; l'entité qui l'animait n'est pas anéantie pour cela, mais elle est mise pour un temps hors d'état

(1) Voir « *Traité de Magie pratique*, » par Papus.

d'agir avec beaucoup d'énergie sur le plan matériel ; et cela se comprend de reste; il en est, d'ailleurs, de même de l'âme de qui on tue le corps.

Mais ces aérosomes sans corps tangibles sont particulièrement intéressants en ce sens qu'ils peuvent nous permettre de nous faire une idée au moins approchée du mécanisme de la naissance, de la théorie des signatures, de l'hérédité et aussi des influences planétaires.

La fécondation de l'ovule et sa fixation dans l'utérus constituent un phénomène physique qui peut être comparé à la chute d'une pierre dans l'eau ; tout autour du point où le caillou est tombé, des ondes vont s'élargissant à l'infini, se repliant sur elles-mêmes, s'entrecroisant sans se gêner jamais, roulant, roulant toujours et se multipliant incroyablement autour du centre de forces ainsi créé. De même, l'ovule fécondé devient un centre d'une activité sans cesse renouvelée par l'appoint ininterrompu de la vie maternelle ; et les forces ambiantes ainsi mises en jeu agissent, comme la goutte d'eau tombée dans la farine, en attirant les molécules radiantes d'abord, puis les molécules tangibles, pour former le corps de l'enfant à naître, le tout suivant les lois encore inconnues des affinités physiologiques et aussi suivant les prédispositions de l'âme qui vient, au bout d'un certain temps de gestation, diriger le travail d'agrégation des matériaux mis en œuvre.

Lois aveugles de l'Atavisme, c'est-à-dire, en somme, des conditions du milieu du phénomène, et, d'autre part, influence des prédispositions personnelles, ou *Karma*, selon l'expression hindoue, tels sont les deux grands facteurs qui concourent à la formation du fœtus.

Car il ne faut pas perdre de vue ce qui a été dit du mode d'action de l'énergie unique dans les différents milieux ; dans l'astral, il y a projection matérielle ; dans les gaz, projection en divers sens ; dans les liquides, roulement des molécules les unes sur les autres ; dans les solides enfin, agitation sur place ; et, comme la nature va toujours du moins au plus, il faut que l'astral soit mu d'abord pour aller, conséquemment, faire vibrer les corps solides suivant les impressions qu'il a reçues lui-même. C'est en ce sens que le corps astral peut être très justement appelé *médiateur plastique*, puisque c'est lui qui provoque la formation du corps tangible.

Mais ni l'atavisme, ni les prédispositions innées ne suffisent pour tout expliquer dans ce phénomène plein d'attrayants problèmes.

Il faut encore tenir compte des influences dites planétaires.

On sait, à n'en pas douter, que les effluves qui s'échappent du soleil aimantent tous les corps soumis à l'attraction solaire ; c'est ainsi qu'une explosion dans la photosphère, un nombre plus ou moins considérable de taches à la surface de l'astre du jour, modifient assez l'état magnétique de la terre pour provoquer une recrudescence ou une diminution du nombre et de l'intensité des aurores polaires et même, peut-être, des orages. Même on a constaté — peut-être n'est-ce qu'une coïncidence — un parallélisme étrange entre la vigueur de la végétation et la multiplicité des taches du soleil. Cette action du magnétisme solaire ne doit pas surprendre, puisqu'on sait que la lumière ne se manifeste qu'accompagnée de chaleur, d'électricité et de magnétisme, et réciproquement. Naturellement, à cause de son énorme volume et de l'intensité des phénomènes dont il est le théâtre, c'est au soleil qu'appartient la plus puissante action sur notre globe ; peut-être, cependant, à cause de sa proximité, la lune a-t-elle plus d'influence en ceci, comme dans le phénomène des marées ; et les planètes passent en dernier lieu (1). Lune et planètes, d'ail-

(1) L'influence des planètes sur le magnétisme

leurs, n'agissent pas comme sources d'énergie, mais simplement comme organes déterminants de la direction et de la nature, de l'aspect de l'énergie qu'elles reçoivent du soleil et qu'elles réfléchissent, plus ou moins modifiées par leur nature propre. On peut se figurer le phénomène comme à peu près semblable à celui des colorations diverses des corps par un même rayon lumineux ; une fleur paraît bleue, ou rouge ou jaune, une feuille paraît verte ou brune, un fruit paraît pourpre ou doré, parce que la surface de ces corps différents polarise la lumière unique qui les éclaire tous, qui en bleu ou rouge, qui en vert, qui en jaune, etc. De même les planètes polarisent l'influx magnétique solaire pour produire : Saturne, les prédispositions maladives et studieuses ; Mars, la force et les instincts guerriers ; Jupiter, la majesté et la belle proportion des formes, etc., etc. Et l'on ne doit pas douter que ces forces aient une action marquée sur la constitution des hommes, quand on voit la lumière et l'électricité influer si puissamment sur la végétation. Quant aux dispositions morales, elles sont plus probablement une conséquence

terrestre a été récemment mise hors de doute par les expériences de M. Leyst, de l'Observatoire magnétique de Pawlowsk (Russie).

des dispositions physiques ; ce qui explique comment l'examen des formes des différentes parties du corps humain, lesquelles formes sont dûes aux causes ataviques, aux prédispositions karmiques et aux influx planétaires, permet de deviner l'état de l'âme qui se cache sous ces formes, ces signatures ; l'âme, la seule chose que chacun de nous, pour son propre compte, ait le droit de dire réelle dans la relativité des formes matérielles, essentiellement et perpétuellement modifiables, qui nous entourent.

Nous bornerons là nos exemples. La matière est loin d'être épuisée, puisque nous n'avons parlé ni des talismans, ni de la médication, ni des lois de l'involution et de l'évolution, ni de cent autres problèmes des plus intéressants. Nous reviendrons sur toutes ces questions dans un travail plus important.

Il semble, d'ailleurs, que les quelques pages qui précèdent suffisent pour donner une idée approximative de ce qu'on peut faire en appliquant les méthodes scientifiques actuelles à l'étude de la science occulte qui ne diffère de la science moderne que comme une mère peut différer de sa fille. Pour un enfant, la mère est un mystère insondable ; mais vient un jour où le bébé se fait jeune fille et pressent ce qu'est la femme, ce qu'est l'amour, ce qu'est la maternité ; puis, plus tard encore, la vierge devient épouse et mère à son tour, tandis que vieillit et meurt celle dont elle est née et à qui elle succède. Et, sur toutes les éphémères générations, s'élève et fleurit éternellement la famille.

Il en est de même de la science. L'enfant a tort de se moquer du petit doigt de maman ; nos bons académiciens ont tort de ridiculiser les légendes et les symboles de l'occultisme.

Mais les occultistes, qui systématiquement, refusent toute valeur aux savants modernes ressemblent à une mère inintelligente qui ne voudrait prêter aucune attention aux questions par lesquelles son enfant cherche à s'instruire.

Quelqu'un faisait remarquer un jour que la propagation de la lumière par vibrations est connue depuis deux cents ans ; que les Académies n'ont admis cette vérité que depuis une dizaine d'années ; que, pendant ces deux siècles, la lumière aurait pu parcourir une distance d'environ 475 trillions de lieues ; qu'un fil télégraphique de cette longueur aurait une résistance de près de vingt milliards de mégohms ; et il en concluait que les cerveaux académiciens offrent une résistance non moins effrayante à la propagation de la vérité.

La boutade est amusante, simplement. La place de l'Académie n'est pas à l'avant-garde ; elle n'a pas à provoquer le progrès, mais simplement à enregistrer et à perpétuer la mémoire des faits bien établis, irréfutablement démontrés ; voilà tout ; et le rôle est à la fois difficile et beau. Mais laissons ce sujet. Tout finira bien par s'arranger par la force même des choses, par l'application inévitable de la souveraine loi d'unité.

Et comme conclusion de ces considérations peut être trop écourtées et à la fois trop nombreuses et, par cela même confuses, retenons simplement que pour se livrer utilement à la pratique de la magie, dans quelque branche que ce soit, il faut savoir que ce que nos vieux maîtres ont appelé feu, azoth, or potable, aour, od, lumière astrale, magnétisme universel, fluide, etc., est un principe double qui comprend ce qu'on nomme maintenant l'énergie, laquelle se propage par vibrations et aussi, jusqu'à un certain point, par convection des molécules matérielles ; et l'éther qui est la matière à son plus haut point de division et à son minimum de densité;

Que, de même que l'énergie, l'éther se

trouve partout, modifié plus ou moins par les émanations radiantes des corps avoisinants ;

Que ces émanations éthérées, radiantes ou astrales constituent l'aérosome, corps astral, périsprit ou médiateur plastique de chaque chose, lequel aérosome participe des qualités du corps tangible dont il émane ;

Qu'en outre, sa propriété caractéristique est que les monades, atômes et molécules qui le composent peuvent être entraînées en plus ou moins grand nombre et plus ou moins loin par les forces diverses qui agissent sur elles, ces forces diverses n'étant, au reste, que des aspects différents de l'énergie unique qui se modifie suivant les milieux qu'elle traverse.

Tels nous paraissent être les rudiments de la physique occulte.

*
* *

Je ne puis ni ne veux terminer ce petit travail qui n'est, en somme, guère plus qu'une compilation, sans rendre hommage à ceux dans les œuvres de qui j'ai puisé à pleines mains les renseignements que j'ai seulement groupés de mon mieux.

En premier lieu, je citerai Éliphas Lévi,

Louis Lucas et Papus dont les travaux m'ont mis à même d'étudier les productions moins accessibles de Paracelse, Bacon, Bœhme, Van Helmont, Morin, etc., et aussi la science plus profonde encore des Kabbalistes, des Egyptiens, des Hindous.

Je devrais nommer aussi presque tous les grands savants auxquels notre XIXe siècle doit l'éclat de ses lumières — combien fumeuses encore par rapport à celles de l'occultisme ! — Becquerel, Crookes, Tesla, Young, Fresnel, Hertz, Lippmann, Helmholtz, Tyndall, Thomson, Poincaré, Berthelot, Palmieri, Mascart ; Charcot, Luys, Dumontpallier, Liébeault, Bouchard, Bourru, Janet, Bernheim, etc.

Enfin je remercie aussi ceux qui ont cherché en ces dernières années à introduire les principes de l'analyse positive dans l'étude des phénomènes qui sont du ressort de la Magie : MM. de Rochas, Ochorowicz, Schiaparelli, Lombroso, Adrien Péladan, Richet, Dariex, Baraduc, Fugairon, et, dans un ordre d'idées un peu différent : Du Potet, Deleuze, Puységur, Cahagnet, Delanne, Bué, Gibier, Vitoux, etc., etc.

S'il me fallait énumérer tous ceux qui, strictement, y auraient droit comme ayant concouru sans le savoir à ce modeste essai, il me faudrait faire tout un volume de bibliographie. Ceux qui ne sont pas nommés ne sont point oubliés et je les prie ici de recevoir le tribut de ma gratitude ; leurs œuvres, d'ailleurs, subsistent qui, bien mieux que moi, diront tout ce que je leur dois.

MARIUS DECRESPE.

www.ingramcontent.com/pod-product-compliance
Ingram Content Group UK Ltd.
Pitfield, Milton Keynes, MK11 3LW, UK
UKHW031949260826
14628UKWH00004B/1950

9 782019 703646